AF312711

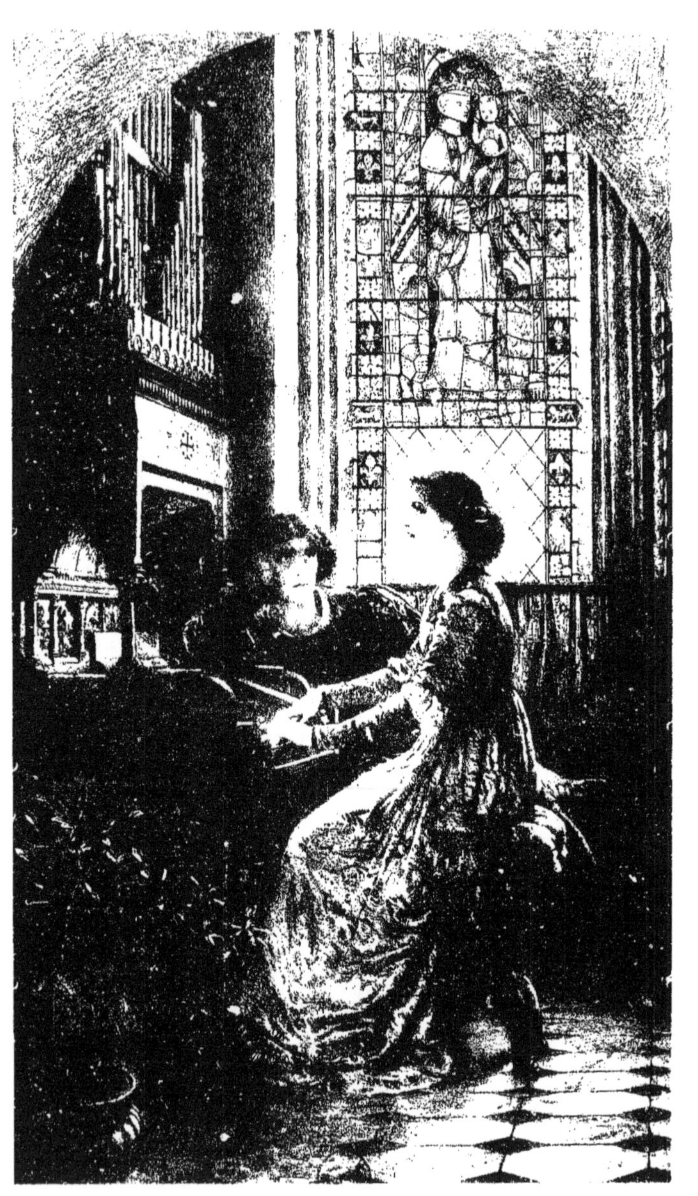

CATALOGUE

DES

ESTAMPES

MODERNES

PAR

BOILVIN, BRACQUEMOND, BURNEY, CALAMATTA,
COURTRY, DESBOUTIN, FLAMENG,

GAILLARD,

GAUJEAN, HELLEU, KOEPPING, LECOUTEUX, LEGRAND,
LUNOIS, MEISSONIER, MONGIN,
RAJON, THAULOW, TISSOT, WALTNER, ETC.

*Composant la Collection de feu M. V.****

Dont la vente aura lieu

à Paris, HOTEL DROUOT, Salle N° 8

Le Mardi 13 Décembre 1910

à 2 heures précises

Par le Ministère de Mᵉ HENRI BAUDOIN,

COMMISSAIRE-PRISEUR

10, Rue de la Grange-Batelière

Assisté de M. LOYS DELTEIL, Artiste-Graveur, Expert

2, Rue des Beaux-Arts

CONDITIONS DE LA VENTE

Elle sera faite au comptant.

Les adjudicataires paieront *dix pour cent* en sus des enchères.

M. Loys Delteil remplira les commissions que voudront bien lui confier les amateurs ne pouvant y assister.

MM. les amateurs pourront visiter la collection, 2, *rue des Beaux-Arts*, du lundi 5 au samedi 10 Décembre 1910. de 2 heures à 5 heures.

Le Peintre-Graveur Illustré

(XIXe & XXe SIÈCLES)

PAR LOYS DELTEIL

Ouvrage honoré d'une souscription du Ministère de l'Instruction publique et des Beaux-Arts

AVIS IMPORTANT

CONCERNANT L'ÉDITION DU TOME VI

Nous nous empressons de prévenir MM. les souscripteurs au Tome VI du *Peintre-Graveur Illustré*, que nous nous trouvons dans l'obligation de modifier les conditions de souscription à ce tome, pour la raison suivante :

M. Rodin qui avait bien voulu, en effet, nous promettre le prêt d'un de ses cuivres pour notre ouvrage, vient de nous écrire qu'il n'a pu le retrouver.

Nous regrettons vivement ce contre-temps qui prive le *Peintre-Graveur Illustré* et nos souscripteurs d'une œuvre exécutée par l'un des plus remarquables artistes de ce temps.

Nous prions donc MM. les souscripteurs de consulter les nouvelles conditions de souscription et de vouloir bien nous faire connaitre l'édition qu'ils désirent.

EN SOUSCRIPTION *Pour paraître le 15 décembre 1910.*

TOME VI consacré à

RUDE, BARYE, CARPEAUX, RODIN

contenant la biographie des maitres

et

le Catalogue raisonné de leur œuvre gravé et lithographié

1 Volume in-4°, orné des portraits de Rude, de Barye, de Carpeaux et de Rodin, et de 56 fac-simile.

40 Ex. de luxe, sur Japon .... **40 fr.**
350 — sur alfa Pictorial .... **16 fr.**

BULLETIN DE SOUSCRIPTION

(A renvoyer à M. LOYS DELTEIL, 2, rue des Beaux-Arts

Je, soussigné, déclare souscrire à .... exemplaire

du Tome VIe du PEINTRE-GRAVEUR ILLUSTRÉ, au prix

.... francs l'exemplaire.

Signature et adresse.

ÉDITIONS DU PEINTRE-GRAVEUR ILLUSTRÉ

Chez M. Loys Delteil

2, Rue des Beaux-Arts, 2

MANET

GRAVEUR ET LITHOGRAPHE

Par Étienne MOREAU-NÉLATON

Catalogue raisonné, illustré d'une *eau-forte inédite de Manet*, accompagné du fac-similé de toutes les pièces mentionnées et précédé d'une étude générale de l'œuvre.

1 vol., in-4° de 150 pages, illustré de 125 reproductions.

20 Exemplaires sur Japon (presque épuisés)....... **60** francs.
205 Exemplaires sur papier couché............... **40** —

L'ŒUVRE LITHOGRAPHIQUE

DE

FANTIN-LATOUR

Catalogue complet de ses lithographies reproduites et réduites par le procédé héliographique de J. Boyet

1 album de format in-folio, offrant par le meilleur des procédés et dans les dimensions les plus grandes possibles, la reproduction de toutes les lithographies de Fantin-Latour.

Cet ouvrage, tiré sur beau papier, est limité à 125 exemplaires numérotés, dont 100 seulement ont été mis dans le commerce.

Prix de l'Exemplaire .... **125** francs.

DÉSIGNATION

ARENDZEN (P.-J.) — RUET (L.)

1. Six (Jean) — Six (Anna), d'apr. Rembrandt — La Dernière gerbe — A l'Atelier, d'apr. Leloir. Quatre pièces. Très belles épreuves sur parchemin, *signées*.

BARTHOLOMÉ (Léon)

2. Le Vieux canal, à Bruges — A Dixmude. Deux pièces d'apr. Gilsoul. Très belles épreuves *imp. en couleurs, signées.*

BERTINOT (G.)

3. Dyck (A. van), d'apr. lui-même (6) — Cherubini, d'apr. Ingres (31). Quatre pièces. Très belles épreuves *avant la lettre, une avec dédicace.*

4. La Vierge aux Donateurs, d'apr. A. van Dyck (7) — Mort de S. François d'Assise, d'apr. Benouville — Le Christ en Croix, d'apr. Ph. de Champaigne — La Fille d'Hérodiade, d'apr. Luini. Quatre pièces, 3 *avant la lettre.*

BESNARD (P.-A.)

5. Intérieur d'Eglise. Deux très belles épreuves *d'état différent, une signée.*

BLANCHARD (Auguste)

6. La Partie d'échecs, d'apr. Meissonier (18). Belle épreuve *avant la lettre.*

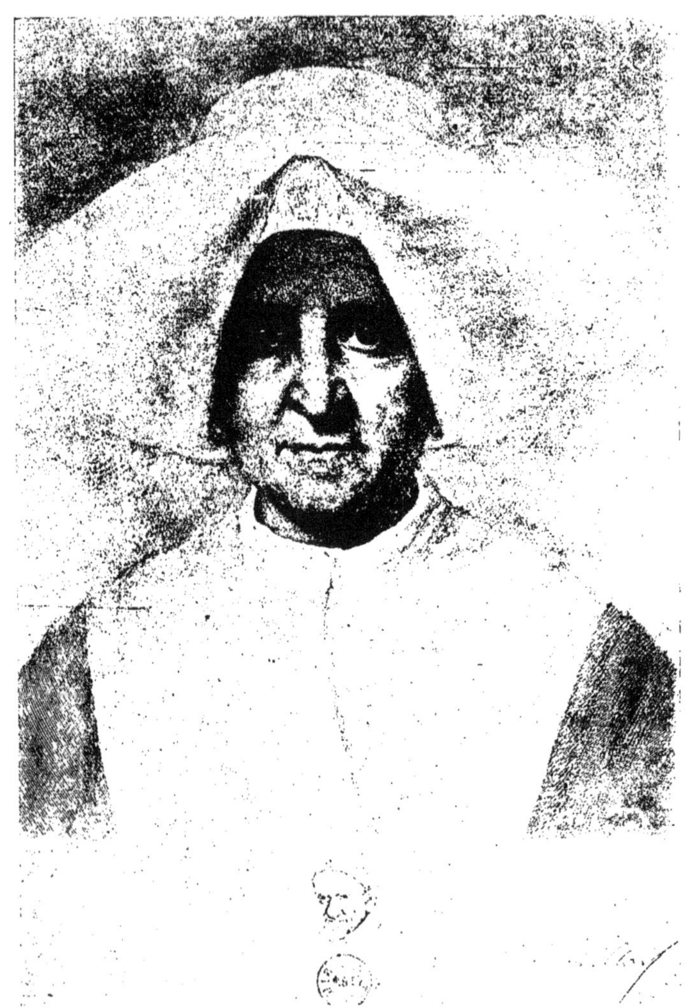

Nᵒ 88 du Catalogue.

7. Les Bons Amis, d'apr. le même. Deux belles épreuves *avant la lettre*.

BOILVIN (Emile)

8. Les Bibliophiles, d'apr. Fortuny. Superbe épreuve sur japon, *avec remarque, signée* et *timbrée*.

9. Assemblée dans un Parc, d'apr. A. Watteau. Très belle épreuve *avant la lettre*.

10. Poésies de Coppée, tête de page, cul-de-lampe et 8 figures. Très belles épreuves *avant la lettre*, sur japon.

11. Vignettes pour les *Lettres persanes*, la *Vie des Dames galantes*, M*me Bovary*, etc. Soixante pièces.

12. Sujets divers. Huit pièces.

BOUCHER-DESNOYERS (A.)

13. La Vierge au Berceau — La Belle Jardinière — La Transfiguration — Les Muses et les Piérides. Quatre pièces d'apr. Raphaël et Perino del Vaga. Belles épreuves.

BOULARD (Auguste)

14. La Partie de piquet, d'apr. Meissonier. Superbe épreuve sur parchemin, *signée du peintre et du graveur*.

BRACQUEMOND (F.)

15. La Rixe, d'apr. Meissonier (340). Très belle épreuve *avant toute lettre*, sur japon.

16. Portraits et sujets divers. Seize pièces.

BRUNET-DEBAINES (A.)

17. Chemin de Sin-le-Noble, d'apr. Corot. Très belle épreuve, *avec remarque*, sur parchemin, *signée* et *timbrée*.

BUHOT (Félix)

18. Un Grain à Trouville (G. B. 122) — Une Matinée d'Hiver au quai de l'Hôtel-Dieu (123) — Frontispice de l'Illustration Nouvelle (124). Trois pièces sur japon, *signées*

19. Le Retour des artistes (125) — Embarcadère à Trouville (126) — La Fête Nationale au Bd Clichy (127). Trois pièces sur japon, *signées*.

BURNEY (E.)

20. La Belle Chocolatière, d'apr. Liotard (6). Trois très belles épreuves *avant la lettre, signées*.

21. Madone entre deux Donateurs, d'apr. J. Perréal — La Vierge et l'Enfant Jésus, d'apr. Donatello. Deux pièces. Très belles épreuves *avant la lettre*.
22. Portraits, 17 pièces en divers états.

CALAMATTA (L.)

23. Le Vœu de Louis XIII, d'apr. Ingres (B. 2). Belle épreuve *avant toute lettre*.

24. Joconde, d'apr. L. de Vinci (6). Belle et très rare épreuve *d'essai, avant toute lettre*.

25. La Source, d'apr. Ingres (12). Très belle épreuve, *avant la lettre*, sur chine (légères piqûres).

CARON (A.). — DANGUIN (J.-B.).

26. La Vierge, Ste Catherine et Ste Rose, d'apr. Pérugin, 2 états — Portrait, d'apr. Rembrandt — Le Message, d'apr. Terburg, *avant t. l.* — Le Parnasse, d'apr. Mantegna. Six pièces, la plupart *avant la lettre*.

CHAHINE (Edgar)

27. L'Abside Notre-Dame. Très belle épreuve *avec remarque*, sur japon, *signée*.

CHAMPOLLION (E.-A.)

28. Le Nid d'apr. F. Boucher. Cinq belles épreuves d'*états, différents*, sur japon.

29. Pastorale, d'apr. le mê.no. Quatre états différents, sur japon.

30. Partie champêtre — Sous la feuillée. Deux pièces d'apr. A. Watteau, se faisant pendants. Epreuves *avant la lettre*, sur japon, *signées*.

31. La Toilette de la fiancée, d'apr. J. Lefebvre — Scènes mondaines, d'apr. Doucet. Trois pièces *avant la lettre* ou avec *remarques*.

CHAMPOLLION (F.). — MARE (T. de)

32. Les Saisons, d'apr. Lancret, 14 épreuves en divers états.

CHAPLIN (Charles)

33. L'Embarquement pour l'Ile de Cythère, d'apr. Watteau (55). — Noce juive, d'apr. Delacroix. Trois pièces, une *avant le titre*.

COCHIN fils (C.-N.)

34. Pompes funèbres de Philippe V, de Marie-Thérèse d'Espagne — Mariage de Louis, Dauphin de France avec Marie-Thérèse d'Espagne (Bal masqué, bal paré, scène du théâtre, etc.). Huit pièces. Très belles épreuves.

BARBOTTIN (W.). — COPPIER (C.)

35. Adoration des Mages — Suzanne — Les Archers de St-Georges et de St-Adrien. Quatre pièces d'apr. Luini, Henner et Hals, *avant la lettre*, *signées*.

COROT (J.-B.-C.)

36. Dans les Dunes (L. D. 9). Très belle et rare épreuve sur chine volant.

COURTRY (Ch.)

37. Milton aveugle et ses Filles, d'apr. Munkacsy (30). Superbe épreuve *avant toute lettre*, sur japon, *signée*.

38. Les Amateurs de gravure, d'apr. Meissonier (36), 3 épreuves, 2 *avec remarque*, *signées*.

39. Sujets divers et Paysages, 23 pièces.

DELATRE (Auguste)

40. *Douze Eaux-fortes et Pointes sèches par Auguste Delâtre.*
Paris, 1877. Très belles épreuves dans la couv. de publ.

DELAUNEY (Alfred)

41. Cathédrale de Reims, d'Amiens et de Rouen, 3 pl. *signées*

42. Vues de Paris, 3 albums, soit 119 pièces.

43. Vues de Paris — le Mont St-Michel — Paysages. Ensemble 26 pl. y compris un alb. de 20 pl.

44. Le Moulin à eau, d'apr. Hobbema, 5 épr. (3 *avec remarque signées*).

DELANNOY, G. LÉVY, GOUTIÈRE, etc.

45. Portraits pour les *Classiques*, de Hachette, 39 pièces en divers états. Très belles épreuves.

DEBLOIS (C.-T.). — DESVACHEZ (D.-J.)

46. Sujets religieux, Portraits et scènes de genre, 15 pl. d'apr. Boticelli, Raphaël, Rubens, Mme Vigée-Lebrun, etc., en *épr. d'états ou avant t. l.*

DESBOUTIN (Marcellin)

46 *bis*. Le Fils de Desboutin (H. B. 4) — La Sortie de bébé, état (9) — La Fille de Desboutin (10) — Enfant au chien. Quatre pièces. Très belles épreuves (3 *signées*).

46 *ter*. Babou (11) — Dr Collin (13) — Courbet (118) — Zola, etc. Huit pièces. Belles épreuves (5 *signées*).

DÉZARROIS (A.)

47. Innocent X, d'apr. Velasquez — Bretonnes au Pardon, d'apr. Dagnan-Bouveret. Deux pièces. Très belles épreuves *avant la lettre, signées*.

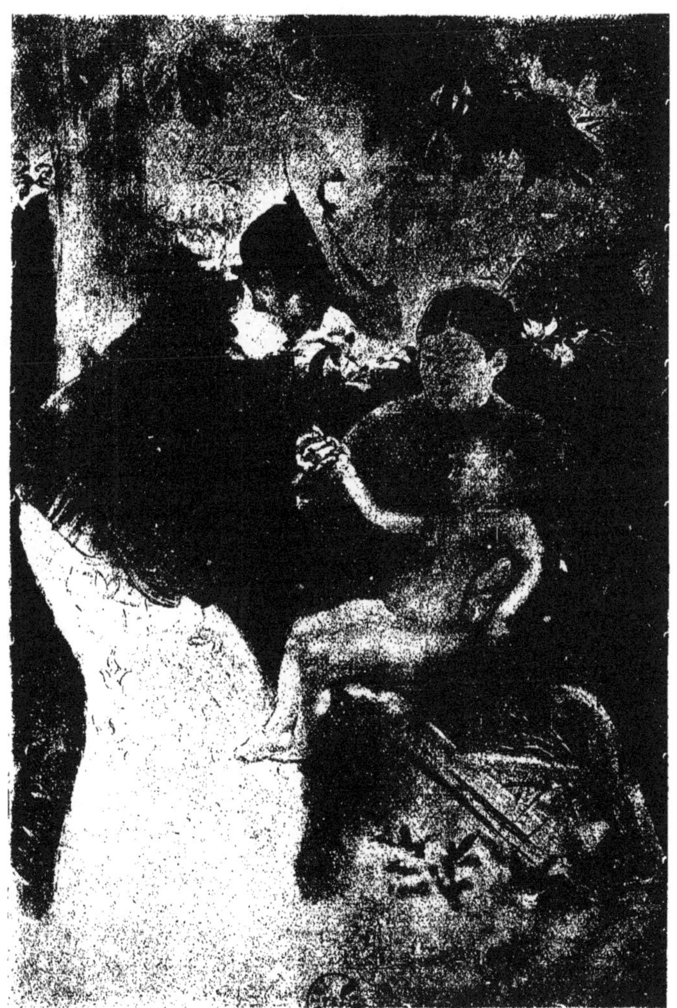

Nº 149 du Catalogue.

DIDIER (Adrien)

48. Les Grâces, d'apr. Raphaël — Anne de Clèves — Portrait d'Homme — La Vierge et des Saints. Six pièces d'apr. Holbein, Raphaël et Véronèse, 5 *avant la lettre*.

EGUSQUIZA (R.). — HERKOMER (H.)

49. Wagner (R.). Deux pièces. Très belles épreuves, une sur parchemin, *signée* et *timbrée*.

FAIVRE. — CHAIGNEAU. — DAKE

50. La Dentellière — Les Joueurs d'échecs — La Sortie du bois — Taquin et boudeuse. Quatre pièces.

FLAMENG (L.)

51. Copie de la Pièce aux Cent Florins (218) — La Ronde de nuit (219). Deux pièces d'apr. Rembrandt. Belles épreuves, sur chine.

52. La Vierge au Donateur, d'apr. Van Eyck. Superbe épreuve *avant toute lettre*, sur japon, *avec dédicace*.

53. L'Adoration des Bergers, d'apr. van der Goes. Superbe épreuve sur japon, *avant toute lettre, signée*.

54. Portraits et sujets divers, 30 pl. en partie *av^t l. l.*

FONCE (Camille)

55. Le Pont de Grez, d'apr. Corot. Très belle épreuve *avec remarque*, sur parchemin, *signée*.

FOULQUIER (Valentin)

56. Portraits et vignettes pour La Fontaine, La Bruyère, Boileau et Molière, soit 106 pièces. Epreuves sur chine volant.

FRANÇOIS (Alphonse)

57. Couronnement de la Vierge, d'apr. Fra Angelico — S. Symphorien, d'apr. Ingres — Naissance de Vénus,

d'apr. Cabanel — L. Vitet, d'apr. Roux. Quatre pièces *avant la lettre*, une sur chine, *signée*.

FRANÇOIS (Jules)

58. Le Galant militaire, d'apr. Terburg (9). Belle épreuve *avant toute lettre* (légères piqûres).

FULLWOOD (John)

59. Paysages, 4 pièces. Très belles épreuves sur japon, *avec remarques, signées*.

GAILLARD (C.-F.)

60. Jean Bellin, 2e planche (H. B. 8). Très belle épreuve *avec le nom de l'artiste à la pointe, avec dédicace*.

61. Mistral (12) — Prince Bibesco (19). Deux pièces. Belles épreuves.

62. Vénus — Mercure. 2 pièces d'apr. Thorwaldsen (20-21). Très belles épreuves sur chine.

63. L'Homme à l'œillet, d'apr. Van Eyck (25). Superbe épreuve *avant la lettre, le nom de l'artiste tracé à la pointe* ; sur chine.

64. La même estampe. Très belle épreuve sur chine, *avec l'adresse de Salmon*.

65. La Vierge et l'Enfant Jésus, d'après Boticelli (29). Superbe et rarissime épreuve d'état, sur chine, *signée*.

66. La même estampe. Très belle épreuve *avant toute lettre*, sur chine, *signée*.

67. La même estampe. Belle épreuve du même état, sur chine.

68. La même estampe. Très belle épreuve *avant la lettre*, sur chine.

69. La même estampe. Belle épreuve du même état, *signée*.

70. Henri, Comte de Chambord (30). Deux belles épreuves sur chine, une *avant ; Publié.....* (*signée*).

71. Pie IX (31). Très belle épreuve, *avant l'inscription ;
Romæ...., avec dédicace*, sur chine.

72. La même pièce. Très belle épreuve sur chine, *signée.*

73. Le Crépuscule, d'apr. Michel-Ange (32). Deux belles
épreuves sur chine, une *avant la lettre, avec la signature
à la pointe.*

74. Tête de cire du Musée de Lille (36). Très belle épreuve
avant la lettre, sur chine.

75. Dom Guéranger (38). Très belle épreuve, *avant-dernier
état, au fond uni*, sur chine.

76. La même pièce. Très belle épreuve *avant la lettre*, sur
chine, *signée.*

77. La même pièce, *avant la lettre*, sur chine.

78. Léon XIII (39). Superbe épreuve sur chine, *avec le nom
à la pointe, signée et numérotée.*

79. La même pièce. Très belle épreuve sur chine.

80. Mgr Pie (40). Deux belles épreuves, l'une *non entièrement
terminée, à la croix blanche*, sur japon.

81. Les Pèlerins d'Emmaüs, d'apr. Rembrandt (43). Très
belle épreuve, *avec le nom à la pointe*, sur chine.

82. La même estampe. Deux belles épreuves *avant le titre*,
sur chine.

83. S. Georges, d'apr. Raphaël (45). Très belle et très rare
épreuve d'état, sur chine.

84. La même estampe. Très belle épreuve *avant toute lettre*,
sur chine *signée.*

85. La même estampe, en même état.

86. La même estampe, en même état.

87. Veuillot (Louis) (46) — Mme X... (50). Deux pièces. Très
belles épreuves sur japon.

88. Sœur Rosalie (48). Très belle épreuve *avant la lettre, avec
remarque*, sur chine, *signée.*

89. La même estampe. Très belle épreuve *à la lettre grise*, sur chine, *signée*.

90. La même estampe. Deux épreuves en même état.

91. La même estampe. Belle épreuve avec l'adresse, sur chine.

92. Joconde, d'apr. L. de Vinci (83). Deux très belles épreuves d'*état différent*, sur chine.

93. S. Sébastien (33-34) — Gattamelata (18) — Dante (27) — La Vierge de la Maison d'Orléans (26) — Le Condottière (15), etc. Treize pièces. Belles épreuves.

GAUJEAN (Eug.)

94. La Vierge, S. Georges et S. Donatien, d'apr. Van Eyck (14). Deux très belles épreuves *signées*, une sur parchemin, *avec remarque*.

95. Baigneuses, d'apr. Fragonard — Souvenirs, d'apr. Chaplin. Deux pièces. Très belles épreuves, *avec remarques, imp. en couleurs, signées*.

96. Flamma vestalis, d'apr. Burne Jones — Lady Primerose, d'apr. Millais. Deux pièces. Très belles épreuves sur parchemin, *signées des artistes*.

97. C^sse Gower, d'après Th. Laurence — L'Enfant aux cerises, d'apr. J. Russell — Portrait de jeune Femme — Mme Du Châtelet, d'apr. Nattier. Cinq pièces. Très belles épreuves sur parchemin ou japon, *signées*.

98. Sujets religieux, Portraits, Allégories. Treize pièces d'apr. Botticelli, Mantegna, Van Eyck, J. Fouquet, etc. Très belles épreuves, la plupart *avant la lettre, signées*.

99. Portraits et sujets divers. Vingt pièces d'apr. Dagnan-Bouveret, Terburg, Toulmouche, E. Lambert, etc., la plupart *avant la lettre, signées*.

HÉDOUIN (Edmond)

100. *Illustrations pour le Théâtre de Molière*, Paris, Morgard, suite de 35 pl., épreuves *avant la lettre, signées, dédicace,*

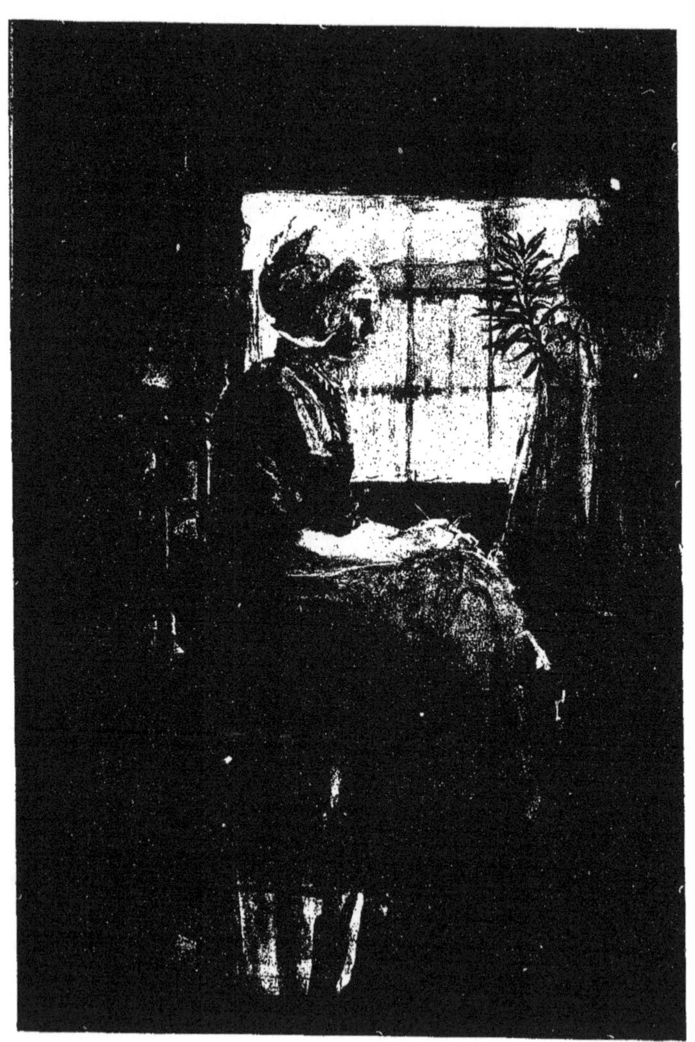

N° 158 du Catalogue,

101. Mme X***, d'apr. Chaplin — Halte de Chasse, d'apr. Vanloo — Vignettes pour *Paul et Virginie*, av^t l. l., Ensemble 9 pl.

HELLEU (Paul)

102. Carlier (Mme Madeleine). Très belle épreuve *imp. en couleurs, signée.*

103. Mme L*** de profil à gauche. Très belle épreuve, *signée.*

104. Jeune Femme de face, la main gauche appuyée contre la joue. Très belle épreuve *imp. en couleurs, signée.*

105. Jeune Femme accoudée. Très belle épreuve, *signée.*

106. Fillette de face. Très belle épreuve, *imp. en couleurs, signée.*

107. La même pièce, tirée en noir, *signée.*

108. Fillette de profil à gauche. Très belle épreuve *imp. en couleurs, signée.*

109. La même estampe, en même état.

HENRIQUEL-DUPONT (L. P.)

110. Pastoret (Mis de), d'apr. P. Delaroche (54) — Lord Strafford, d'apr. le même (61). Deux pièces. Très belles épreuves *avant la lettre.*

111. Sujets religieux et portraits. Neuf pièces.

HERKOMER (H.)

112. Souvenir de Rembrandt — Orpheline — Mendiants — In trouble — The Swing. Six pièces. Très belles épreuves sur japon, *signées* (sauf une).

HUOT (Adolphe)

113. Le Jugement du prix de l'Arc, d'apr. Van der Helst (16). — Le Joueur de violon, d'apr. Raphaël — Descartes, d'apr. Hals — Denon, d'apr. Prudhon — La Cigale, d'apr. J. Lefebvre. Cinq pièces, 2 av^t *l. l.*

JACQUE (Ch.)

114. Scènes rustiques et Paysages, 16 pièces.

JACQUEMART (Jules)

115. Les Gemmes et joyaux de la Couronne (125-184). Suite complète de 60 pl. du 1er tirage (1865), en 2 port.

116. Portraits, Sujets divers, objets d'art, 21 pièces (plusieurs *avant la lettre*).

JACQUET (Achille)

117. Le Triptyque de Mantégna, 3 planches. Très belles épreuves, *avant la lettre*, sur japon, *signées* (sauf la pl. du milieu).

118. Le Peintre d'enseignes, d'apr. Meissonier. Superbe épreuve sur japon, *signée du peintre et du graveur, timbrée.*

JACQUET (Jules)

119. Le Portrait du Sergent, d'apr. Meissonier. Superbe épreuve sur japon, *signée du peintre et du graveur, timbrée.*

JACQUET (A. et J.)

120. L'Amour sacré et l'Amour profane, d'apr. Titien — Gloria victis, d'apr. Mercié, etc. Six pièces. Très belles épreuves.

JASINSKI (Félix)

121. Mme Molé-Raymond, d'apr. Mme Vigée-Lebrun (5) — Warham (W^m), d'apr. Holbein (15). Deux pièces. Très belles épreuves sur parchemin ou japon, *signées.*

JOURNOT. — GIROUX. -- JEANNIN

122. La Bohémienne — Le Rêve — Le Retour à la Ferme, 3 pl. d'apr. Hals, Detaille et Troyon, av^t *l. l.*

JONGKIND (J.-B.). — MANET (E.)

123. Batavia — Fleur exotique. Deux pièces. Très belles épreuves sur chine volant.

KŒPPING (Karl)

124. Le Mont-de-Piété — Les Rôdeurs de Nuit. Deux pièces d'apr. Munkacsy, se faisant pendants. Superbes épreuves sur japon, *avec remarque, signées du peintre et du graveur*.

KŒPPING (K.) — PIGUET (R.)

125. Froufrou — Pierrette. Deux pièces d'apr. G. Clairin, se faisant pendants (17). Superbes épreuves sur japon, *signées*.

KRATKÉ (C.-L.)

126. La Baratteuse, d'apr. J.-F. Millet. Superbe épreuve *avec remarque*, sur parchemin, *signée*.

127. La Fin de la journée — Cribleuse de Colza. Deux pièces d'apr. J. Breton. Superbes épreuves *avec remarques*, sur parchemin, *signées*.

128. La Récolte des œillettes, d'apr. Laugée — Retour de chasse — L'Arquebusier, d'apr. Fortuny — La Tricoteuse, d'apr. Millet. Quatre pièces. Très belles épreuves *avec remarques*, sur parchemin, *signées*.

LAGUILLERMIE (F.)

129. L'Etat-Major autrichien devant le corps de Marceau, d'apr. J.-P. Laurens (13). Très belle épreuve *avant la lettre*, sur chine, *signée*.

130. W. van Heythuysen, d'apr. Hals. Très belle épreuve su japon, *avant toute lettre, signée*.

LAGUILLERMIE. — JACQUET. — FLAMENG HAUSSOULIER

131. Romulus — Apollon et Marsyas — Massacre de Scio — Le Chant du Départ, etc., 8 pl. la plupart av[t] *l. l.*

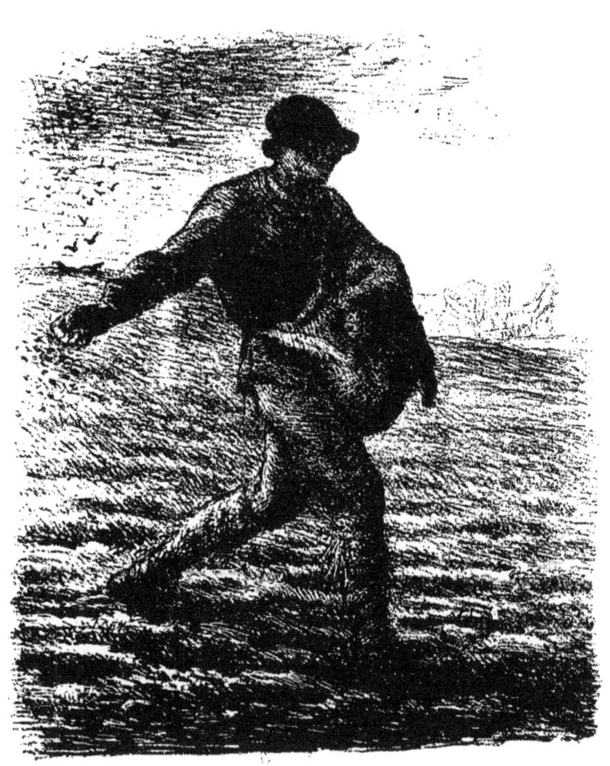

N° 177 du Catalogue.

LALAUZE (Adolphe)

132. Une Histoire d'Amour, d'apr. Diksee. Très belle épreuve sur japon, *signée des artistes.*

133. Portraits et sujets divers. Dix-huit pièces, la plupart *avant la lettre*, sur japon ou parchemin.

134. *Théâtre de Molière*, Edimbourg, Paterson, et Paris, Morgand, suite complète de 34 pl. épreuves *avant la lettre*, sur japon.

135 *Illustrations pour les Œuvres de Alfred de Musset*, d'apr. les aquarelles d'Eug. Lami. Paris, Morgand, 60 pl. sur japon, dans le cart. de publ.

LAMOTTE (Alphonse)

136. Les Bergers d'Arcadie, d'apr. Poussin — Les Etats-Généraux, d'apr. Dalou — Le Marché des Innocents — La Guinguette du Dauphin couronné, d'apr. E. Bayard. Huit pièces. Très belles épreuves en divers états.

LATOUCHE (Gaston)

136 *bis. 15 gravures sur l'Assommoir par Gaston Latouche, à Emile Zola.* Vve Cadart, 1879. Exempl. n° 10, *signé.*

LE COUTEUX (Lionel)

137. Ste-Famille, d'apr. Rubens. Très belle épreuve, *avec remarque*, sur japon, *signée.*

138. Les Botteleurs — La Fileuse. Deux pièces d'apr. Millet. (26). Superbes épreuves sur japon, *signées.*

139. L'Age de pierre, d'apr. Cormon (50). Deux superbes épreuves, une *avec remarque*, sur japon.

140. Les Vanneuses, d'apr. J. Breton. Très belle épreuve *avec remarque*, sur parchemin, *signée du peintre et du graveur.*

141. Au Pâturage, d'apr. Julien Dupré — La Rentrée au port, d'apr. Haquette. Deux pièces. Très belles épreuves *avec remarque*, sur parchemin, une *signée.*

LEFORT (Henri)

142. Washington (3). Très belle épreuve, *avec remarque*, sur japon, *signée*.

143. Gambetta (Léon). Très belle épreuve, *avec remarque* — Emile Loubet. Deux pièces.

144. Le Miracle de S. Marc, d'apr. Tintoret — First Grief, d'apr. Tofano. Deux pièces. Très belles épreuves, une *avec remarque*, sur japon.

LEGRAND (Louis)

145. Le Fils du Charpentier. Très belle épreuve sur japon, *signée*.

146. Joies Maternelles. Très belle épreuve sur japon, *signée* et *numérotée*.

147. Beau Soir. Très belle épreuve sur japon, *signée* (*n° 1*).

148. L'Aïeule. Très belle épreuve, *imp. en couleurs, signée* et *numérotée*.

149. Le Parisien. Très belle épreuve *imp. en couleurs, signée* et *numérotée*, sur japon.

150. Le bon bedeau — La Vieille servante. Deux pièces. Très belles épreuves sur japon, *signées*, une *numérotée*.

LEPÈRE (Auguste)

151. Un Enterrement dans le Marais Vendéen. Très belle épreuve du 1er état.

152. La même estampe. Très belle épreuve, *avec remarque*, sur parchemin, *signée*.

153. Dimanches Parisiens, suite de 41 pl., plus 8 pl. refusées, soit quarante-neuf pièces. Belles épreuves.

LE RAT (Paul)

154. Portraits et Sujets divers, d'apr. Meissonier, Menzel, etc., 17 pl., la plupart *avant la lettre*.

LEROY (A.). — DENON (V.)

155. *Collection de Dessins originaux de grands Maîtres gravés en fac-simile..... trente-deux dessins....* Paris, A. Levy, s. d., 29 planches (sur 32) — L'œuvre original de V. Denon, incomplet.

LEVASSEUR (J.-G.). — LEFÈVRE (Ach.)

156. L'Infante Isabelle-Claire-Eugénie, d'apr. A. van Dyck — Glorification de la Vierge, d'apr. Fra Bartholomeo — Antiope, d'apr. le Corrège. Six pièces.

LUIGINI (F.)

157. Canal Flamand. Très belle épreuve, *imp. en couleurs, signée* et *numérotée.*

LUNOIS (Alexandre)

158. La Hollandaise de Volendaam. Superbe épreuve sur japon pelure collé, *signée.* Fort rare, la pierre s'étant cassée après un tirage de 7 épreuves.

159. La Belle tulipe. Superbe épreuve sur japon pelure, *signée.*

160. Intérieur Hollandais. Très belle épreuve *imp. en couleurs,* sur japon pelure, *signée* et *numérotée.*

161. Le Vin, d'apr. Lhermitte — Réunion publique à la Salle Graffard, d'apr. J. Béraud. Deux pièces. Très belles épreuves, *avant la lettre, signées.*

162. Illustrations pour *Fortunio,* 24 planches en double état (en noir), soit 48 pièces sur chine volant.

MARE (T. de). — LOS RIOS — MASSARD

163. Elisabeth d'Autriche, d'apr. Clouet — Le Couronnement de la Vierge, d'apr. Titien — V. Hugo — La Prière — Faneuse — Mme Molé-Raymond, etc., 11 pl. *d'états différents.*

MATHEY-DORET (A.)

164. Le Christ, d'apr. Munkacsy. Très belle épreuve *avec remarque,* sur parchemin, *signée des artistes.*

165. Les Enfants de Charles Ier, d'apr. A. Van Dyck. Très belle épreuve sur parchemin, *signée* et *timbrée*.

166. Mozart dirigeant la première exécution de son « Requiem », d'apr. Munkacry. Superbe épreuve *avec remarque*, sur parchemin, *signé du peintre et du graveur, dédicace*.

167. Le Dernier jour d'un condamné, d'apr. Munkacsy. Superbe épreuve *avec remarque*, sur japon, *signée du peintre et du graveur*. —

168. Les Héros de village, d'apr. Munkacsy. Superbe épreuve *avec remarque*, sur japon, *signée du peintre et du graveur*.

MEISSONIER [(ERNEST)]

169. Le grand Fumeur. (13). Très belle épreuve sur chine.

170. Le Sergent rapporteur (14) — M. Polichinelle (18). Deux pièces. Belles épreuves.

MEISSONIER (d'apr. E.)

171. Sujets divers, 14 pl. par Carey, Le Rat, Mongin, Vion, Gilbert, etc., la plupart *avant la lettre signées,*

MERYON (CH.)

172. Vue de l'Ancien Louvre — Tourelle, rue de l'Ecole-de-Médecine — Passerelle du Pont-au-Change. Trois pièces Belles épreuves.

MIGNON (Abel). — VION (H.)]

173. La Vierge à l'Enfant, d'apr. Dagnan-Bouveret — L'Homme qui rit, d'apr. Rembrandt — L'Homme à la ceinture de cuir, d'apr. Courbet — Marie de Médicis, d'apr. Rubens. Six pièces. Très belles épreuves, 3 *avec remarques*, sur japon, *signées*.

MILIUS (F.)

174. La Reine Artémise, d'apr. Rembrandt. Très belle épreuve *avant toute lettre*, sur japon, *signée*.

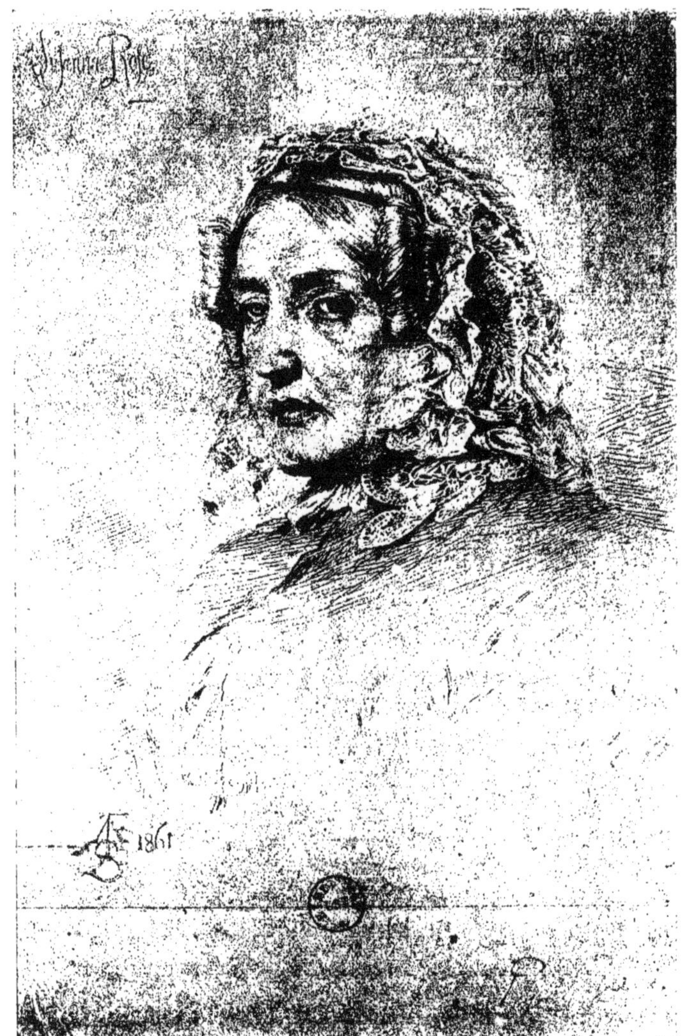

N° 198 du Catalogue.

175. A la Fontaine, d'apr. J. Breton — Jeune Mère, d'apr.
Orchardson. Deux pièces. Très belles épreuves *avec
remarques*, sur parchemin, *signées*.

176. L'Embarras du choix, d'apr. Roybet. Superbe épreuve
avec remarque, sur japon, *signée*.

MILLET (J. F.)

177. Le Semeur, lithographie (Lóys Delteil 22). Très belle
épreuve du 2ᵉ état.

178. La Bouillie — La Fileuse auvergnate. Deux pièces.
Belles épreuves.

MONGIN (Augustin)

179. L'Ordonnance d'apr. Meissonier (71). Série complète
des états, soit huit épreuves, *signées*.

180. Une Chanson, d'apr. Meissonier (76). Trois très belles
épreuves d'états différents, sur japon, une *signée*.

181. Lecture du manuscrit, d'apr. Meissonier (77). Quatre
belles épreuves d'*états différents*, une sur parchemin.

182. Sujets divers, Portraits et Paysages. d'apr. les maîtres
anciens et modernes, 30 pièces en *épreuves d'état*.

183. Vignettes pour le *Corneille*, de Lemerre, d'apr. H. Gra-
velot, 35 pl. avᵗ *la lettre*, sur japon, *signées* — Vignettes,
pour le *Capitaine Fracasse*, etc. d'apr. Delort, 46 pl.
soit ensemble 116 pièces.

MONZIÈS (Louis)

184. Une Lecture chez Diderot, d'apr. Meissonier (31). Très
belle épreuve, *avant toute lettre*, sur japon, *signée*.

185. La Merveilleuse, d'apr. Goupil — La Folie d'Hugo van
der Goes — Vignettes pour *Boileau*, 7 pl. — *Roman
comique*, 12 pl. — *Voltaire*, 22 pl. — *Gil Blas*, 16 pl. —
Racine, 13 pl. Ensemble 72 pièces *avant la lettre*, pour
les éditions d'Alph. Lemerre.

MOREAU LE JEUNE (J. M.)

186. Serment de Louis XVI à son Sacre. Très belle épreuve.

187. Ouverture des Etats-Généraux, 5 mai 1789 — Constitution de l'Assemblée Nationale, 17 juin 1789. Deux pièces se faisant pendants. Très belles épreuves, *avec les listes des noms.*

MORSE (D.). — MARTINET (Ach.)

188. La Nativité de la Vierge, d'apr. Murillo (16). — Apothéose d'Homère, d'apr. Ingres (22). — S. Sébastien, d'apr. Le Pérugin — Le Benedicite, d'apr. Maes — Une Collaboration, d'apr. Gérôme. Cinq pièces *avant la lettre.*

OUDART (Félix)

189. Ruisseau à Auvers — Moulin de St-Maurice — Dans la Prairie, d'apr. J. Dupré — Dans la Campagne, d'apr. Lerolle. Quatre pièces. Très belles épreuves *avec remarque*, sur japon, *signées.*

POTÉMONT (A. Martial)

190. La Merveilleuse, d'apr. Goupil — Le Retour de la pêche à Cancale, d'apr. Feyen-Perrin — Paysages. Neuf pièces. Très belles épreuves.

RACINET (A.)

191. LE COSTUME HISTORIQUE. Paris, Didot. 20 livr. en portefeuille.

RAFFAELLI (J. F.)

192. A votre santé, la mère Bontemps. Très belle épreuve sur japon, *imp. en couleurs, signée* et *numérotée.*

RAJON (Paul)

193. Rouget de l'Isle déclamant la Marseillaise, d'apr. Pils (39). — Le Buveur, d'apr. S. Lucas (79). Deux pièces. Très belles épreuves *avant la lettre*, une *avec remarques.*

194. Rêverie, d'apr. G. Jacquet (28). Deux très belles épreuves, *avec remarques différentes, signées* (une sur parchemin).

195. Le Bain, d'apr. Alma-Tadema (75). Très belle épreuve sur japon, *avec remarque, signée des artistes.*

196. Darwin, d'apr. Ouless (147). Très belle *épreuve d'état,* sur japon, *signée.*

197. La même estampe. Très belle épreuve. On y a joint la copie par G. Mercier. Deux pièces.

198. Suzanna Rose, d'apr. Sandys (148). Superbe épreuve, *signée.*

199. Tennyson (149) — Naumann (C^{al}) (167). Deux pièces.

200. Portraits et sujets divers, 15 pl. d'apr. Bonnat, J. Reynolds, Meissonier, etc., la plupart *avant la lettre.*

201. Portraits et sujets divers, 25 pl. la plupart *av^t l. l.*

RECUEILS

202. *L'Image.* Paris, Floury, 1896-1897, exempl. sur chine, avec double épr. des pl. (en livraisons).

203. *Le Livre d'Heures de la Reine de Bretagne, traduit de latin.... par l'abbé Delaunay.* Paris, L. Curmer, 1861, texte et pl. en feuilles.

204. *J.-M. Moreau le jeune,* par E. Bocher. Paris, Morgand, 1882, exempl. br.

RICHOMME (J. Th.). — SALMON (Ad.)

205. Sujets divers, 12 pl. d'apr. Raphaël, Giorgione, Ingres, Gérard, etc., *av^t l. l.*

ROGER (Barthélemy)

206. L'Innocence préfère l'Amour à la Richesse — L'Amour séduit l'Innocence. Deux pièces d'apr. Mlle Mayer et Prudhon, se faisant pendants. Très belles épreuves, la 2e *avant la lettre.*

ROPS (F.)

207. Les Diaboliques, 2 suites complètes des petites pl. av^t l. l.
208. Le Bassoniste — Frontispices, .etc. Onze pièces. Belles
épreuves.

ROPS (d'apr. F.)

209. Le Scandale, par Bertrand. Très belle épreuve *imp. en
couleurs, avec remarque, numérotée.*

ROUSSEAUX (E).

210. Sévigné (Mme de), d'apr. R. Nanteuil. Très belle épreuve
avant la lettre, sur chine.

ROUSSEAUX (E.). — THEVENIN (J. C.). — SULPIS

211. Portraits, etc., 7 pl. d'apr. Francia, Mantégna, Titien et
Van Dyck, états.

SOMM (Henry)

212. Japonisme (35). Série des états, soit sept pièces. Très
belles épreuves, *signées.*

213. Calendriers — Têtes de fantaisie — Scènes de genre, 34
pièces la plupart en *épreuves d'état,* une *avec un croquis
aquarellé* en marge.

SOULANGE-TESSIER. — AUBRY-LECOMTE.
SIROUY (A.)

214. Danse d'Amours, d'apr. Raphaël — Les Vendanges —
Le Triomphe de Vénus — L'Etude guide l'essor du
Génie — Mlle Mayer — Pàris et Hélène réconciliés par
Vénus, d'apr. Prudhon. Six pièces. Très belles épreuves,
sur chine.

SCHENNIS. — CHAUVEL. — VERNIER, etc.

215. Sujets divers et Paysages, 6 pl. av^t l. l.

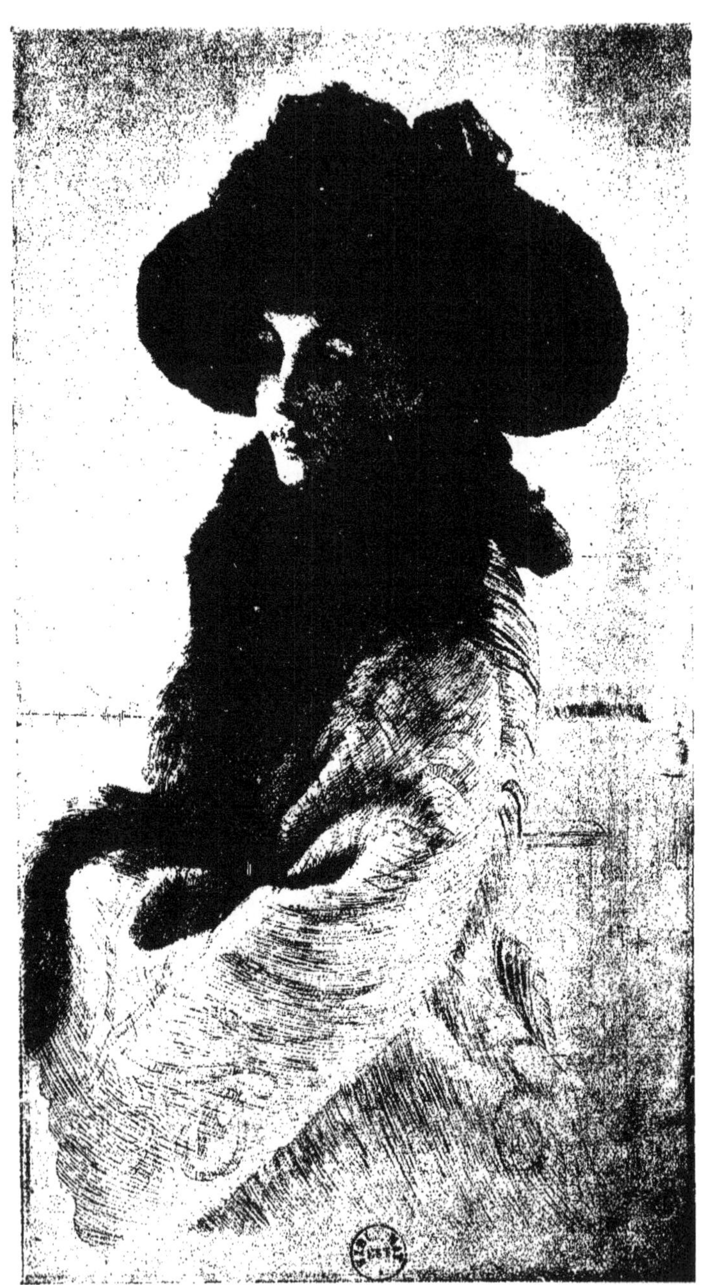

N° 222 du Catalogue.

THAULOW (Frits)

216. Le Mois de Marie. Très belle épreuve *imp. en couleurs, signée* et *numérotée.*

217. Le Dégel. Très belle épreuve, *imp. en couleurs, signée* et *numérotée.*

218. Un Quai. Très belle épreuve *imp. en couleurs, signée* et *numérotée.*

TISSOT (Jacques)

219. Frontispices (H. B. 5-6) — La Convalescente (1). — L'Eventail (17). — Miss Bowles (14). Cinq pièces. Très belles épreuves, *signées* et *timbrées.*

220. Querelle d'amoureux (11). — Le Veuf (21). Deux pièces. Très belles épreuves, *timbrées* (une *signée*).

221. Dormeuse (10). — Miss L*** (16). Deux pièces. Belles épreuves, *signées* et *timbrées.*

222. Mavourneen (24). Superbe épreuve *signée* et *timbrée.*

223. Histoire ennuyeuse (25). Superbe épreuve sur papier ancien, *signée* et *timbrée.*

224. Printemps (27).— Au Bord de la Mer (38) — Miss N*** (19). Trois pièces. Très belles épreuves, *signées* et *timbrées.*

225. L'Eté (35). — Sur la Tamise (13) — Soirée d'été (47). Trois pièces. Très belles épreuves, *signées* et *timbrées.*

226. Le Hamac (37). — La Sœur aînée (44). Deux pièces. Très belles épreuves, *signées* et *timbrées.*

227. Sur l'Herbe (41). — Le Crocket (29). — Le Banc de Jardin (66). Trois pièces. Très belles épreuves, *signées* et *timbrées.*

VIGNETTES

228. Sous ce numéro, il sera vendu par lots, environ 800 vignettes modernes.

WALTNER (Ch. Alb.)

229. Mrs Fitzherbert, d'apr. Romney (8). — L'Etude, d'apr. Fragonard (11). Deux pièces. Très belles épreuves *avant la lettre*, sur japon ou papier ancien.

230. L'Infante Marguerite, d'apr. Velasquez (14). — Mme Bischoffsheim, d'apr. Millais (82). Deux pièces. Très belles épreuves *avant la lettre*, sur japon, *signées*, une *timbrée*.

231. Bohémienne, d'apr. Ricard (43). — Le Vase de Chine, d'apr. Fortuny, *état*, épreuve *signée*. Deux pièces *avant la lettre*.

232. La C^sse de Barck, d'apr. H. Regnault (47). Très belle épreuve sur japon, *signée*.

233. Mlle Masson, d'apr. P. Dubois (50). Trois superbes épreuves *avant la lettre*, une *signée*.

234. La Femme du joueur — L'Aumône de la Veuve. Deux pièces d'apr. Millais, se faisant pendants (85-86). Très belles épreuves sur japon, une *avec les noms des artistes à la pointe*, l'autre avec *remarque*.

235. Harmony, d'apr. Dicksee (88). Superbe *épreuve d'état*, sur parchemin, *signée*.

236. A Sybil, d'apr. Burne Jones (90). Très belle épreuve sur japon, *signée*.

237. The Wagrants (97) — Paceful Thames, d'apr. Walker (100). Deux pièces. Très belles épreuves *avant toute lettre*, sur japon.

238. Le Christ devant Pilate, d'apr. Munkacsy (103). Superbe épreuve *avant la lettre*, sur japon, *signée, dédicace du peintre*.

239. Blue boy, d'apr. Gainsborough (104). Superbe épreuve sur japon, *avec remarque, timbrée*.

240. Miss Graham, d'apr. Gainsborough (105). Superbe épreuve *avec remarque*, sur japon, *signée* et *timbrée*.

241. Lady Cambden, d'apr. Reynolds (107). Superbe épreuve sur japon, *signée* et *timbrée*.

242. Evelina, d'apr. Cosway (106). Très belle épreuve sur japon.

243. Lady Mulgrave, d'apr. Gainsborough (110). Superbe épreuve sur parchemin, *signée*.

244. Master Lambton, d'apr. Lawrence (111). Superbe épreuve *avec remarque*, sur parchemin, *signée*.

245. Rabbins, d'apr. Rembrandt (117-118). Deux pièces. Très belles épreuves sur japon ou parchemin, *signées* ou *timbrées*.

246. Elisabeth Bas, d'apr. Rembrandt (120). Très belle épreuve *avec remarque*, sur parchemin, *signée*.

247. Régina, d'apr. Henner (123). Très belle épreuve *avec remarque*, sur parchemin, *signée*.

248. Les Feux de la St-Jean, d'apr. J. Breton (126). Superbe épreuve sur japon, *avant toute lettre, signée*.

249. L'Etoile du Berger — La Tricoteuse. Deux pièces d'apr. J. Breton. (127-128). Très belles épreuves *avec remarque*, sur par chemin, *signée des artistes*.

250. La Musique, d'apr. Delaplanche (129) — Tête de Femme, d'apr. Carrière. Deux états. Trois pièces. Très belles épreuves, *tirées en sanguine, signées*.

251. Musiciennes, d'apr. Walker. Deux très belles épreuves *avec remarque, signées*, une sur parchemin.

252. Lecture. Superbe épreuve *avec remarque*, sur parchemin, *signée*.

253. Portraits et sujets divers. Neuf pièces, plusieurs *avant la lettre*.

254. Sous ce numéro, il sera vendu par lots, 670 eaux-fortes en partie en exemplaires *avant la lettre* ; albums japonais.

IMPRIMERIE MODERNE

20, Rue Saint-Désiré

LONS-LE-SAUNIER